Herbert Januschkowetz

Laubsägearbeiten
für das Kinderzimmer

ENGLISCH VERLAG

Die Deutsche Bibliothek – CIP-Einheitsaufnahme
Laubsägearbeiten für das Kinderzimmer/Herbert Januschkowetz. – Wiesbaden: Englisch, 1997
ISBN 3-8241-0768-6

© by Englisch Verlag GmbH, Wiesbaden 1997
ISBN 3-8241-0768-6
Fotos: Frank Schuppelius
Printed in Spain

Inhaltsverzeichnis

3

4

Vorwort

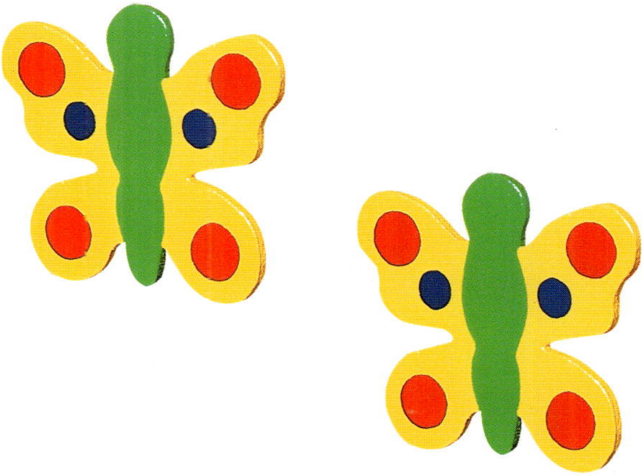

Sie können Holzspielzeug und Kinderzimmerzubehör für viel Geld kaufen, Sie können es aber auch selber machen.

Sperrholz ist ein preisgünstiges Material und mit ein bisschen Geschick und Geduld werden Sie tolle Ergebnisse erzielen. Wenn Sie schon öfter mit Sperrholz gearbeitet haben, sind bestimmt noch Reste vorhanden, die zum Bau der hier vorgestellten Modelle wunderbar geeignet sind.

Ob Sie ein Mobile oder ein Ziehtier, eine Buchstütze oder eine Garderobe basteln, es macht viel Spaß mit Sperrholz zu arbeiten. Wenn Ihr fertiges Modell schön bunt bemalt vor Ihnen steht, werden nicht nur die Kinder ihre Freude daran haben.

Beim Herstellen der Motive und beim späteren Bemalen helfen auch schon Kinder gerne mit, nur der Einsatz der Bohrmaschine erfordert die Hilfestellung eines Erwachsenen.

Und nun wünsche ich Ihnen viel Spaß mit den Laubsägearbeiten für das Kinderzimmer.

Herbert Januschkowetz

5

Material und Werkzeug

Den genauen Material- und Werkzeugbedarf finden Sie bei den einzelnen Motiven. An dieser Stelle möchte ich Ihnen Tipps geben, wo Sie welches Material erhalten.

Ihr Heimwerkermarkt

- Sperrholz, 4 und 8 mm dick
- Rundstäbe, 6 und 8 mm Durchmesser, geriffelt oder glatt
- Holzleim
- kleine Nägel, ca. 12 mm lang
- Senkkopfholzschrauben, Durchmesser 3 mm, Länge 16 mm
- Halbrundkopf-Holzschrauben, 3–4 mm Durchmesser, Länge ca. 30 mm
- Unterlegscheiben, 4,2 mm Innendurchmesser
- Klappösen oder Bildaufhänger

- Schleifpapier, 120–180-er Körnung
- feine Laubsägeblätter

Im Hobbyfachgeschäft

- glänzende Acrylfarben
- Holzkugeln, Durchmesser 15, 25 und 40 mm, mit Bohrung
- Dekorationsschnur, 0,3 mm und 1 mm dick
- Spieluhr

Im Schreibwarengeschäft

- Zahlen zum Aufreiben
- Versandtaschen- oder Musterbeutelklammern
- wasserfester, dicker, schwarzer Filzstift

Arbeitsanleitung

Übertragen vom Vorlagebogen auf Sperrholz

Wenn Sie sich ein Modell ausgesucht haben, machen Sie vom Vorlagebogen eine Kopie. Nehmen Sie ein Blatt Paus- oder Kopierpapier und legen Sie es unter die Kopie. Das Ganze befestigen Sie mit Klebestreifen auf dem Sperrholz. Drücken Sie die Umrisse, alle Innenlinien und den Mittelpunkt der nötigen Bohrungen durch. Bei den Modellen, die eine Vorder- und eine Rückseite haben, verfahren Sie wie folgt: Schneiden Sie das Modell aus. Glätten Sie alle Kanten mit Schleifpapier. Dann halten Sie die Kopie, von der Sie jetzt die Rückseite sehen, gegen das Licht und bringen Sperrholz und Kopie mit untergelegtem Pauspapier zur Deckung. Dann ziehen Sie die Innenlinien noch einmal nach.

Sägen und Kleben

Wenn Sie Ihr Modell ausgesägt haben, glätten Sie alle Kanten mit feinem Schleifpapier. Je nachdem, was Sie für ein Modell gewählt haben, werden die Teile manchmal vor dem Leimen und manchmal nach dem Leimen bemalt. Genauso verhält es

sich auch beim Bohren der notwendigen Löcher.

Bemalen

Verwenden Sie glänzende Acrylfarben. Diese Farben decken recht gut, sodass Sie selten zwei Farbschichten auftragen müssen.

Achtung! Sobald Sie Farbflecken auf der Kleidung haben, entfernen Sie diese sofort mit warmem Wasser. Wenn Sie längere Zeit warten, müssen Sie die Flecken mit etwas Verdünner entfernen.

Die Gesichter der Figuren werden zum Teil mit einem wasserfesten dicken Filzstift aufgemalt. Wenn das Modell längere Zeit in der Sonne steht, bleicht der Filzstift aus. Dann müssen Sie die Striche nachmalen. Das geht aber nur, wenn Sie das Modell nicht noch zusätzlich mit farblosem Lack überstrichen haben. Die Lichtpunkte in den Augen machen Sie mit einer Nadel ohne Spitze. Tauchen Sie die Nadel in die Farbe und setzen Sie den Punkt senkrecht von oben an die gewünschte Stelle. Wischen Sie die Nadel nach jedem Punkt ab, sonst wird der Punkt immer größer.

Mobiles

1. Mond und Sterne

Material und Maße
- ❖ Sperrholz, 4 mm dick, 200 mm breit, 320 mm lang
- ❖ Acrylfarben in Rot, Gelb, Dunkelblau, Weiß und Schwarz
- ❖ Perlonfaden, Ø 0,3 mm
- ❖ Schleifpapier

Werkzeug
- ❖ Laubsäge
- ❖ Bohrer, Ø 2 mm
- ❖ Nadel ohne Spitze
- ❖ Pinsel

Anleitung
Schneiden Sie die Form aus. Den Stern fertigen Sie 4-mal an. Schleifen Sie die Kanten gut ab. Bohren Sie die Löcher (Durchmesser 2 mm).

Malen Sie die Teile an. Das Auge des Mondes besteht aus einem weißen und einem schwarzen Punkt.

Nachdem alles gut getrocknet ist, bringen Sie noch den weißen Lichtpunkt im Auge an (s. S. 7). Dann hängen Sie die Einzelteile mit Perlonfaden an den Himmel.

8

2. Blumen und Schmetterlinge

Material und Maße
- ❖ Sperrholz, 4 mm dick, 220 mm breit, 450 mm lang
- ❖ Acrylfarben in Weiß, Gelb, Grün, Rot, Hell- und Dunkelblau
- ❖ Perlonfaden, Ø 0,3 mm
- ❖ Schleifpapier

Werkzeug
- ❖ Laubsäge
- ❖ Bohrer, Ø 2 mm
- ❖ Pinsel

Anleitung

Schneiden Sie die Teile aus und schleifen Sie sie gut ab. Den Schmetterling und die Blume fertigen Sie 2-mal an. Achten Sie darauf, dass Sie bei den Schlitzen in den Wolken die angegebenen Maße genau einhalten. Wenn die Schlitze zu tief sind, stehen nach dem kreuzförmigen Zusammenstecken die Außenkanten der Wolken über. Das sieht nicht schön aus.
Bohren Sie die Aufhängelöcher (Durchmesser 2 mm).
Malen Sie die Teile an und lassen Sie alles gut trocknen. Danach stecken Sie die Wolken kreuzweise zusammen.

Zum Schluss werden die Schmetterlinge und die Blumen an die Wolke gehängt.

9

Stabfiguren

3. Hahn

Material und Maße
❖ Sperrholz, 4 mm dick, 170 mm breit, 220 mm lang
❖ Rundholz, Ø 6 mm, Länge nach Belieben
❖ Acrylfarben in Hellblau, Rot, Gelb, Grün, Schwarz und Weiß
❖ Holzleim
❖ Schleifpapier

Werkzeug
❖ Laubsäge
❖ kleine Feile
❖ Nadel ohne Spitze
❖ Pinsel

Anleitung
Sägen Sie den Hahn aus und schleifen Sie ihn gut ab. Danach bemalen Sie den Hahn beidseitig. Den Lichtpunkt im Auge machen Sie mit einer Nadel ohne Spitze wie auf Seite 7 beschrieben. Lassen Sie alles gut trocknen. Am Aufstellstab feilen Sie mit einer Feile nach den angegebenen Maßen eine Leimfläche an. Die Länge des Stabes können Sie nach Belieben wählen. Bestreichen Sie den Stab dünn mit Leim und beschweren Sie das Ganze mit einem schweren Teil, z.B. einem Hammer.

4. *Apfel*

Material und Maße
- ❖ Sperrholz, 4 mm dick, 150 mm breit, 200 mm lang
- ❖ Rundholz, Ø 6 mm, Länge nach Belieben
- ❖ Acrylfarben in Rot und Grün
- ❖ Holzleim
- ❖ Schleifpapier
- ❖ schwarzer Filzstift

Werkzeug
- ❖ Laubsäge
- ❖ kleine Feile
- ❖ Pinsel

Anleitung
Sägen Sie die Teile aus, das Blatt schneiden Sie zweimal.
Glätten Sie die Kanten mit Schleifpapier und malen Sie die Teile an. Die Striche auf den Blättern sind mit Filzstift gezogen. Leimen Sie die Blätter nach der Vorlage auf den Apfel auf und beschweren Sie sie bis zum Abbinden des Leims mit einem schweren Teil (z.B. mit einem Kochtopf).

Den Aufstellstab bringen Sie wie bei der Stabfigur Hahn beschrieben an.

Schiebetiere

5. Pinguin

Material und Maße

- ❖ Sperrholz, 8 mm dick, 210 mm breit, 400 mm lang
- ❖ Rundstab, Ø 8 mm, Länge ca. 108 mm für die Achse und Schiebestab nach Belieben
- ❖ 1 Holzkugel, Ø 25 mm
- ❖ 2 Holzkugeln, Ø 40 mm
- ❖ 2 Unterlegscheiben, Innen-Ø 8,5 mm
- ❖ Holzleim
- ❖ schwarzer Filzstift
- ❖ Acrylfarben in Schwarz, Weiß, Rot, Gelb und Blau
- ❖ Schleifpapier

Werkzeug

- ❖ Laubsäge
- ❖ Bohrmaschine
- ❖ Bohrständer
- ❖ kleiner Schraubstock
- ❖ kleine Schraubzwinge
- ❖ Bohrer, Ø 8,5 mm und 9 mm
- ❖ Pinsel
- ❖ Nadel ohne Spitze

Anleitung

Sägen Sie die Teile aus. Die schraffierten Teile schneiden Sie zweimal. Dann schleifen Sie die Kanten ab. Die beiden schwarzen Körperteile werden vor dem Bemalen aufgeleimt, einmal von vorne und einmal von hinten. Seien Sie sparsam mit dem Leim. Wenn er überquillt, entfernen Sie ihn sofort mit einem feuchten

Tuch. Farbe hält auf dem Leim nicht besonders gut. Spannen Sie die 3 Teile mit einer kleinen Schraubzwinge zusammen. Achten Sie darauf, dass die Teile nicht verrutschen.

Wenn der Leim trocken ist, bohren Sie das Loch für die Achse (Durchmesser 9 mm) und das schräge Loch für den Schiebestab (Durchmesser 8,5 mm). Verwenden Sie hier einen kleinen Schraubstock. Bohren Sie nun die vorhandenen Löcher in den Holzkugeln auf einen Durchmesser von 8,5 mm. Auch hier verwenden Sie den kleinen Schraubstock.

Bemalen Sie alle Teile beidseitig, außer der Achse. Der Mundwinkel des Pinguins ist das einzige, was mit Filzstift gemalt ist.

Die Lichtpunkte in den Augen setzen Sie mit einer Nadel ohne Spitze wie auf Seite 7 beschrieben.

Bevor Sie die genaue Länge der Achse bestimmen, messen Sie erst den Durchmesser der Holzkugeln. Wenn Sie Kugeln mit einem Durchmesser von 40 mm kaufen, sind sie meistens etwas kleiner. Messen Sie auch die Dicke der Unterlegscheiben und die Gesamtdicke der zusammengeleimten Sperrholzteile. Geben Sie zu diesen Maßen noch 2 mm dazu. Auf diese Länge können Sie nun die Achse abschneiden.

Leimen Sie von hinten den rechten weißen Flügel an. Nehmen Sie keine Schraubzwinge, der Flügel wird nur

leicht beschwert. Nach dem Trocknen wird der Ball, danach der linke weiße Flügel angeleimt.

Leimen Sie die Kugel (Durchmesser 25 mm) auf den Schiebestab. Wenn der Stab geriffelt ist, hält der Leim besser. Geben Sie nur wenig Leim ringsum auf den Stab und drehen Sie die Kugel darauf. Genauso verfahren Sie auch bei der Achse mit den Kugeln (Durchmesser 40 mm). Vergessen Sie nicht, bei der Montage der Achse die Unterlegscheiben dazwischen zu legen.

Als Letztes leimen Sie den Schiebestab ein.

6. Krokodil

Anleitung

Sägen Sie die Teile aus. Das schraffierte Teil wird 2-mal ausgeschnitten.

Bemalen Sie die Teile beidseitig. Die mittelgrünen Körperteile brauchen Sie nur einseitig zu bemalen. Der Mund ist mit Filzstift aufgebracht. Nach dem Trocknen leimen Sie die Körperteile einmal von vorne und einmal von hinten auf den Krokodilkörper. Verwenden Sie hier keine Schraubzwinge, das gibt Druckstellen. Die Teile werden nur leicht beschwert. Leimen Sie nicht beide Teile gleichzeitig auf, damit sie nicht verrutschen.
Das Montieren des Schiebestabs und der Achse ist beim Pinguin auf Seite 12 genau beschrieben.

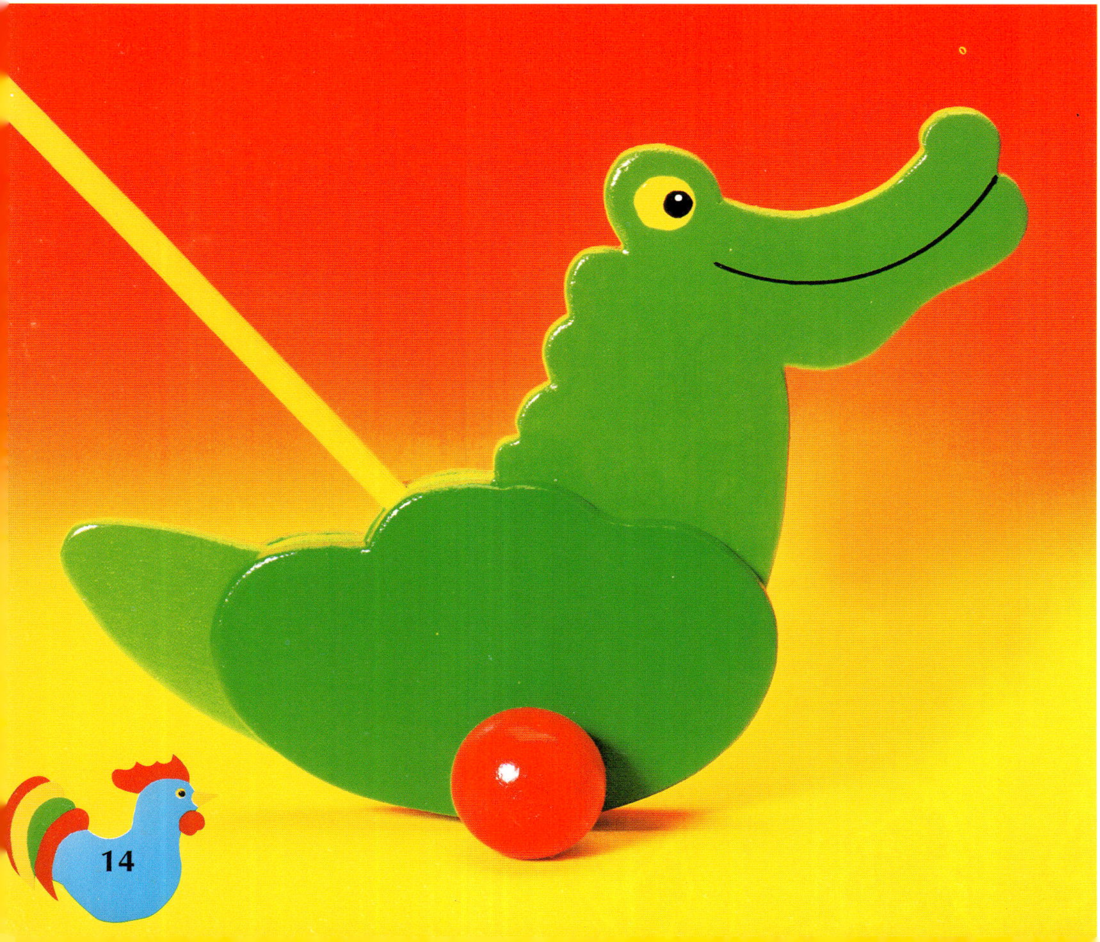

Ziehtiere

7. Hund

Material und Maße

❖ Sperrholz, 8 mm dick, 160 mm breit, 450 mm lang
❖ 2 kleine Nägel, ca. 12 mm lang
❖ 5 Senkkopfholzschrauben, Ø 3 mm, 16 mm lang
❖ 4 Halbrundkopf-Holzschrauben, Ø 3–4 mm, 30 mm lang
❖ 4 Unterlegscheiben,
  Innen-Ø 4,5 mm
❖ Dekorationsschnur, Ø 1 mm, Länge beliebig
❖ Holzleim
❖ Schleifpapier
❖ Acrylfarben in Schwarz, Weiß, Rot, Grün und Gelb
❖ 1 Holzkugel, Ø 15 mm
❖ schwarzer Filzstift

- ❖ Laubsäge
- ❖ Bohrmaschine
- ❖ Bohrständer
- ❖ Schraubstock
- ❖ Schraubzwingen
- ❖ Bohrer, Ø 3,5 mm und 4,5 mm
- ❖ Kreuzschlitzschraubenzieher
- ❖ Hammer
- ❖ Pinsel
- ❖ Nadel ohne Spitze

Anleitung

Sägen Sie alle Teile aus. Die Räder benötigen Sie 4-mal, die schraffierten Teile je 2-mal, ebenso die beiden Verstärkungen (20 mm breit, 80 mm lang), die unter das Grundbrett geleimt werden. Schleifen Sie die Kanten gut ab.

Bohren Sie nun die Löcher für die Schrauben, mit denen Sie später den Hund von unten auf der Grundplatte festschrauben. Bohren Sie sie mit einem Durchmesser von 3,5 mm und senken Sie sie leicht an. Das Loch im vorderen Bereich dient nur zur Befestigung der Ziehschnur.

Leimen Sie die beiden Verstärkungsstreifen von unten auf die Grundplatte. Mit einem kleinen Nagel sichern Sie die Leisten gegen Verrutschen. Spannen Sie die Teile mit je einer Schraubzwinge zusammen. Nach dem Trocknen spannen Sie das Grundbrett in einen kleinen Schraubstock und bohren entsprechend des Schraubendurchmessers die Kernlöcher für die Schrauben, mit denen Sie später die Räder befestigen. Bohren Sie jetzt in die Räder je ein 0,5 mm größeres Loch als der Durchmesser der dafür vorgesehenen Schrauben.

Malen Sie alle Teile, außer den Hinterbeinen, beidseitig an. Der Mund des Hundes wird mit Filzstift gemalt. Die Lichtpunkte der Augen setzen Sie wie auf Seite 7 beschrieben.

Wenn alles gut trocken ist, leimen Sie die Ohren und die Beine nach der Vorlage an. Leimen Sie nicht alles auf einmal. Zuerst befestigen Sie ein Ohr, dann das Hinter- und das Vorderbein. Legen Sie sich als Lineal eine Leiste an die Unterkante des Hundekörpers und der Beine. So haben Sie die Gewähr, dass die drei Teile eine Linie bilden. Wenn Sie den Hund später auf das Grundbrett schrauben, steht er vollkommen gerade. Nehmen Sie keine Schraubzwinge zum Spannen. Die Gefahr des Verrutschens ist sehr groß. Beschweren Sie die Teile nur. Wenn der Leim abgebunden hat, verfahren Sie genauso mit dem anderen Ohr und den anderen Beinen.

Schrauben Sie nun den Hund von unten auf die Grundplatte. Achten Sie darauf, dass die Schrauben genau in die Mitte des Sperrholzes treffen. Wenn Sie möchten, können Sie ein ganz klein wenig Leim an die Flächen geben.

Schrauben Sie die Räder fest. Vergessen Sie nicht, eine Unterlegscheibe zwischen Rad und Grundplatte zu geben.

Als Ziehschnur habe ich Dekorationsschnur (Durchmesser 1 mm) verwendet. Eine normale Schnur oder ein Stück Wolle tut es aber auch. Knüpfen Sie an das Ende noch eine kleine Holzkugel mit 15 mm Durchmesser.

8. Maus

Material und Maße

- Sperrholz, 8 mm dick, 200 mm breit, 350 mm lang
- 2 kleine Nägel, ca. 12 mm lang
- 2 Senkkopfholzschrauben, Ø 3 mm, 16 mm lang
- 4 Halbrundkopf-Holzschrauben, Ø 3-4 mm, 30 mm lang
- 4 Unterlegscheiben, Innen-Ø 4,5 mm
- Dekorationsschnur, Ø 1 mm, Länge beliebig
- Holzleim
- Schleifpapier

- Acrylfarben in Grün, Gelb, Rot, Hellblau, Schwarz und Weiß
- 1 Holzkugel, Ø 15 mm
- schwarzer Filzstift

Werkzeug
- Laubsäge
- Bohrmaschine
- Bohrständer
- Schraubstock
- Bohrer, Ø 3,5 mm und 4,5 mm
- Kreuzschlitzschraubenzieher
- Hammer
- Pinsel

Anleitung

Schneiden Sie alle Teile aus und schleifen Sie die Kanten gut ab. Von unten leimen Sie die Verstärkungsleisten auf das Grundbrett.

Verfahren Sie beim Bohren der Löcher so, wie beim Ziehtier Hund auf Seite 16 beschrieben. Malen Sie alle Teile beidseitig an.

Leimen Sie die beiden schmalen gelben Leisten, sie stellen eine Untertasse dar, und die rote Tasse mit Hilfe einer Anlageleiste zusammen (siehe Hund). Achten Sie auch hier beim Festschrauben von unten darauf, dass Ihre Schrauben das Sperrholz genau in der Mitte treffen.

Tipp

Als Räder habe ich hier gummibereifte Fertigräder benutzt. Sie können sie in vielen Größen kaufen. Lediglich die Bohrung für die Schraubenachse muss angeglichen werden. Wenn Sie die Räder anmalen möchten, müssen Sie während des Malens die Gummireifen entfernen. Das Gummi ist relativ schwer vom Radkörper abzunehmen.

Wenn Sie die Radkörper gestrichen haben, machen Sie die Gummiringe einfach nass, dann lassen sie sich viel leichter wieder aufziehen.

Buchstützen

9. Lokomotive

Material und Maße
❖ Sperrholz, 8 mm dick, 150 mm breit, 400 mm lang
❖ 11 Senkkopfholzschrauben, Ø 3 mm, 16 mm lang
❖ Holzleim
❖ Schleifpapier
❖ Acrylfarben in Grün, Gelb, Rot, Hellblau und Weiß

Werkzeug
❖ Laubsäge
❖ Bohrmaschine
❖ Bohrständer
❖ Bohrer, Ø 3,5 mm
❖ Kreuzschlitzschraubenzieher
❖ Pinsel

Anleitung

Sägen Sie alle Teile aus. Die schraffierten Teile müssen je 2-mal geschnitten werden. Schleifen Sie die Kanten mit Schleifpapier ab.

Nach den Abbildungen A und B auf dem Vorlagebogen bohren Sie die Befestigungslöcher (Durchmesser 3,5 mm) und senken sie leicht an. Malen Sie nun alle Teile beidseitig an. Leimen Sie die Teile zusammen. Achten Sie darauf, dass die vier Räder mit ihren Grundflächen auf gleicher Ebene liegen. Legen Sie sich beim Leimen eine Leiste als Anschlag hin. Verwenden Sie keine Schraubzwingen, sondern beschweren Sie das

Ganze mit einem schweren Teil. Beim Aufleimen der 2 oberen roten Leisten am Lokkörper achten Sie darauf, dass sich die Schmalseiten zu der Standfläche der Räder im rechten Winkel befinden. Sonst wird Ihre Buchstütze beim Zusammenschrauben schief. Lassen Sie den Leim trocknen und schrauben Sie die Stützbrettchen zu einem Winkel zusammen. Ziehen Sie die Schrauben aber noch nicht endgültig an. Vergewissern Sie sich, dass die Brettchen im rechten Winkel zueinander stehen.

Wenn der Leim abgebunden hat, schrauben Sie von unten und von der Seite die Lok an den Stützbrettchen fest. Schrauben Sie zuerst die Räder an. Ziehen Sie aber die Schrauben noch nicht ganz fest. Richten Sie die seitlichen Schrauben danach aus. Achten Sie darauf, dass Sie die Mitte des Sperrholzes treffen. Schrauben Sie nun alle Schrauben behutsam fest.

9a. Eisenbahnwagen

Material und Maße
- Sperrholz, 8 mm dick, 150 mm breit, 350 mm lang
- 9 Senkkopfholzschrauben, Ø 3 mm, 16 mm lang
- Holzleim
- Schleifpapier
- Acrylfarben in Grün, Rot, Hellblau und Weiß

Werkzeug
- Laubsäge
- Bohrmaschine
- Bohrständer
- Bohrer, Ø 3,5 mm
- Kreuzschlitzschraubenzieher
- Pinsel

Anleitung
Der Eisenbahnwagen wird genauso hergestellt wie die Lokomotive auf Seite 18.

10. Schlafendes Schweinchen

Material und Maße
- Sperrholz, 8 mm dick, 150 mm breit, 750 mm lang
- 30 Senkkopfholzschrauben, Ø 3 mm, 16 mm lang
- Holzleim
- Schleifpapier
- Acrylfarben in Gelb, Grün, Rosa, Rot, Hell- und Dunkelblau
- schwarzer Filzstift

Werkzeug
- Laubsäge
- Bohrständer
- Bohrer, Ø 3,5 mm
- Kreuzschlitzschraubenzieher
- Pinsel

Anleitung
Im Prinzip arbeiten Sie das schlafende Schweinchen genau wie die Buchstütze Lokomotive auf Seite 18.

Phantasievolle Adventskalender zum Selbermachen

Phantasievoll Schreinschritt

Geschenke aus Stoff

Bezaubernde Scherenschnitt

Die schönsten Geschenkideen zum Selbermachen

ACCESSOIRES UND GESCHENKE AUS STOFF UND KARTON

Adventskalender - Ideen für das ganze Jahr

karten, karten - für alle Gelegenheiten

Bauernmalerei

Weihnachtskarten phantasievoll gestalten

Bauernmalerei selberbinden - Ideen für das ganze Jahr

Sca blusterei zum Nacharbeiten

Garderoben

11. Bärchen

Material und Maße
- ❖ Sperrholz, 8 mm dick, 260 mm breit, 450 mm lang
- ❖ Rundstab, Ø 8 mm, glatt oder geriffelt, ca. 300 mm lang
- ❖ 3 vorgebohrte Holzkugeln, Ø 25 mm
- ❖ Holzleim
- ❖ Schleifpapier
- ❖ Acrylfarben in Grün, Gelb, Rot, Weiß, Schwarz, Hell- und Dunkelblau

- ❖ 2 Bildaufhänger
- ❖ schwarzer Filzstift

Werkzeug
- ❖ Laubsäge
- ❖ Bohrmaschine
- ❖ Bohrständer
- ❖ Bohrer, Ø 8,5 mm
- ❖ Hammer
- ❖ Pinsel
- ❖ Nadel ohne Spitze

Anleitung

Sägen Sie die drei Bärenkörper und das grüne Hintergrundteil aus. Auf diesen Hintergrund werden später die Bären aufgeleimt. Wenn Sie jetzt die Bildaufhänger im Kopfbereich der Bären anbringen, hängt das Ganze nach hinten schief. Deshalb leimen Sie bei allen dreien im Kopfbereich von hinten je ein kleines Stückchen Sperrholz an (8 mm dick, 15 mm breit, 30 mm lang). Darauf werden später von hinten die Bildaufhänger befestigt.

Nach dem Abschleifen malen Sie alle Teile an. Die Münder der Bären sind mit einem Filzstift gemalt. Die Lichtpunkte in den Augen setzen Sie wie auf Seite 7 beschrieben.
Markieren Sie auf den Bären die Lage der Garderobenstäbchen. Leimen Sie nun die Bären auf das grüne Hintergrundteil auf. Achten Sie darauf, dass die späteren Bohrungen durch beide

Teile gehen. Spannen Sie nicht mit Schraubzwingen, das gibt unschöne Druckstellen. Beschweren Sie die Teile nur mit einem Gegenstand (z.B. einem Kochtopf). Lassen Sie den Leim gut abbinden. Bohren Sie die vorhandenen Löcher in den Kugeln mit einem Bohrer (Durchmesser 8,5 mm) größer. Schneiden Sie die drei Stäbchen (Durchmesser 8 mm) nach der kleinen Abbildung A auf dem Vorlagebogen ab. Geben Sie recht sparsam etwas Leim dran und drehen Sie die Kugel auf. Überschüssigen Leim entfernen Sie mit einem feuchten Tuch.
An den markierten Stellen der Bärchen bohren Sie drei Löcher (Durchmesser 8,5 mm) für die Stäbchen. Befestigen Sie von hinten auf den aufgeleimten Stückchen im Kopfbereich der beiden äußeren Bären je einen Bildaufhänger.
Zuletzt leimen Sie die Stäbchen mit den Kugeln ein.

12. Segelschiff

Material und Maße
❖ Sperrholz, 8 mm dick, 230 mm breit, 700 mm lang
❖ Rundstab, Ø 8 mm, glatt oder geriffelt, ca. 360 mm lang
❖ 3 vorgebohrte Holzkugeln, Ø 25 mm
❖ Holzleim
❖ Schleifpapier
❖ Acrylfarben in Rot, Gelb, Grün, Dunkel- und Hellblau
❖ 2 Bildaufhänger

Werkzeug
❖ Laubsäge
❖ Bohrmaschine
❖ Bohrständer
❖ Bohrer, Ø 8,5 mm
❖ Hammer
❖ Pinsel

Anleitung
Diese Garderobe besteht aus drei Teilen: Wellen, Schiffsrumpf und Segel mit Mast und Wimpel.

Sägen Sie alle Teile aus und glätten Sie die Kanten mit Schleifpapier. Bohren Sie in das Teil „Wellen" nach der Vorlage 4 Löcher mit einem Durchmesser von 8,5 mm.
Malen Sie alle Teile an. Nun leimen Sie von vorne die Wellen nach der Vorlage auf den Schiffsrumpf. An diesem befestigen Sie vorher zwei Bildaufhänger. Ebenfalls von vorne bringen Sie das Teil mit den Segeln an. Verwenden Sie keine Schraub-

zwingen, das gibt unschöne Druckstellen. Beschweren Sie die Teile besser. Wischen Sie übergequollenen Leim mit einem feuchten Tuch ab. Wenn der Leim abgebunden hat, bohren Sie von vorne die 4 Löcher (Durchmesser 8,5 mm) durch den Schiffsrumpf.

Bei den Stäbchen mit den Kugeln verfahren Sie wie bei der Garderobe „Bärchen" auf Seite 22 beschrieben.

Hampelmänner

13. Hexe

Material und Maße

❖ Sperrholz, 4 mm dick, 220 mm breit, 600 mm lang
❖ Pappstreifen
❖ 4 Versandtaschen-Klammern
❖ 1 Holzkugel, Ø 15 mm
❖ Dekorationsschnur, Ø 1 mm
❖ Schleifpapier
❖ Acrylfarben in Grün, Rot, Gelb, Lila, Rosa, Braun und Schwarz
❖ Klebstoff
❖ schwarzer Filzstift

Werkzeug

❖ Laubsäge
❖ Bohrmaschine
❖ Bohrständer
❖ Bohrer, Ø 4 mm
❖ Pinsel
❖ Nadel ohne Spitze

Anleitung

Sägen Sie den Körper aus und bohren Sie nach der Vorlage 5 Löcher (Durchmesser 4 mm). Das Loch im Hut ist für die Aufhängeschnur.

Sägen Sie Arme und Beine aus und bohren Sie nach der Vorlage in jedes Teil 2 Löcher. Schleifen Sie die Kanten gut ab.

Bemalen Sie alle Teile einseitig. Der Mund der Hexe ist mit Filzstift gemalt. Die Lichtpunkte in den Augen setzen Sie wie auf Seite 7 beschrieben.
Schneiden Sie sich einen Pappstreifen, wie auf dem Vorlagebogen zu sehen, zu. Die „Gelenke" der Hexe bestehen aus Versandtaschenklammern (auch Musterbeutel-Klammern genannt). Wenn Sie von vorne eine Klammer durch den Körper schieben und von hinten ein Arm oder Bein dagegen halten, schieben Sie zwischen beide Teile, bevor Sie die Klammern umbiegen, den Pappstreifen dazwischen. So liegen die Körperteile nicht direkt am Körper an und Sie können gut den Faden durchschieben.

Die Fäden bestehen aus Dekorationsschnur (Durchmesser 1 mm). Lassen Sie sie genügend lang. Verbinden Sie beide Arme (Knoten noch nicht endgültig zuziehen). Verbinden Sie dann beide Beine (Knoten noch nicht endgültig zuziehen). Dann knoten Sie die Betätigungsschnur an: ein Knoten zwischen den Armen und ein Knoten zwischen den Beinen. Ziehen Sie nun alle Knoten vorsichtig in der endgültigen Lage fest. Hier müssen Sie etwas Geduld aufbringen. Die Knoten werden mit einem Klebepunkt gegen Aufgehen gesichert. Am Ende der Betätigungsschnur bringen Sie eine Kugel (Durchmesser 15 mm) an.

14. Clown

Material und Maße

- ❖ Sperrholz, 4 mm dick, 150 mm breit, 560 mm lang
- ❖ Pappstreifen
- ❖ 4 Versandtaschen-Klammern
- ❖ 1 Holzkugel, Ø 15 mm
- ❖ Dekorations-schnur, Ø 1 mm
- ❖ Acrylfarben in Rot, Gelb, Blau, Weiß und Schwarz
- ❖ Klebstoff
- ❖ schwarzer Filzstift

Werkzeug

- ❖ Laubsäge
- ❖ Bohrmaschine
- ❖ Bohrständer
- ❖ Bohrer, Ø 4 mm
- ❖ Pinsel

Anleitung

Der Clown wird im Prinzip ge-nauso herge-stellt wie die Hampelhexe auf Seite 26.

Spieluhr

15. Abendhimmel

Material und Maße
- ❖ Sperrholz, 8 mm dick, 200 mm breit, 450 mm lang
- ❖ 1 Spieluhr
- ❖ 4 kleine Nägel, ca. 12 mm lang
- ❖ 2 Bildaufhänger
- ❖ Holzleim
- ❖ Schleifpapier
- ❖ Acrylfarben in Dunkelblau, Weiß, Rot, Schwarz und Gelb
- ❖ schwarzer Filzstift

Werkzeug
- ❖ Laubsäge
- ❖ Bohrmaschine
- ❖ Bohrständer
- ❖ Bohrer, Ø 3 mm und 8 mm
- ❖ Hammer
- ❖ Schraubzwinge
- ❖ Pinsel
- ❖ Nadel ohne Spitze

Anleitung

Besorgen Sie zuerst die Spieluhr. Probieren Sie, ob sie in das Kästchen zwischen Wolke und Grundkörper passt. Wenn nicht, müssen Sie die Maße entsprechend ändern.
Sägen Sie alle Teile aus und glätten Sie die Kanten mit Schleifpapier. Befestigen Sie von hinten am Grundkörper 2 Bildaufhänger.
In das Bodenteil des U-förmigen Kästchens für die Spieluhr bohren Sie ein Loch für die Betätigungsschnur (Durchmesser 8 mm). Die Seitenwände nageln Sie mit je 2 Nägeln von unten fest. Geben Sie etwas Leim dazu. Leimen Sie das „U" auf den Grundkörper. Nehmen Sie ein Abfallbrettchen als Druckstück und verwenden Sie eine Schraubzwinge.

Bohren S e beim Mond ein 3 mm großes Loch für die Betätigungsschnur. Leimen Sie die Wolke noch nicht auf.
Malen Sie alle Teile an, den Mond und die Wolke beidseitig.
Der Mund des Mondes ist mit einem Filzstift gemalt. Wenn die Farben getrocknet sind, leimen Sie die Wolke auf. Verwenden Sie hier keine Schraubzwinge, sondern stellen Sie etwas Schweres auf die Wolke.
Führen Sie von hinten die Schnur der Spieluhr durch die Bohrung des Mondes und machen Sie einen Knoten.

Tipp

Ein Gummiring um das U-förmige Kästchen und die Spieluhr sichert diese gegen Herausfallen.

Messlatten

16. Leuchtturm

Material und Maße
❖ Sperrholz, 8 mm dick, 200 mm breit, 850 mm lang
❖ 1 Bildaufhänger
❖ Holzleim
❖ Schleifpapier
❖ Acrylfarben in Rot, Weiß, Schwarz und Gelb
❖ Aufreibezahlen, 10 mm hoch
❖ dicker schwarzer Filzstift
❖ Klebestreifen

Werkzeug
❖ Laubsäge
❖ Hammer
❖ Pinsel
❖ falls vorhanden: Stichsäge

Anleitung
Auf dem Vorlagebogen sind Quadrate von 20 mm Seitenlänge gezeichnet. Nehmen Sie 20 mm x 5, dann haben die Quadrate 100 mm Seitenlänge.

Diese Quadrate zeichnen Sie auf das Sperrholz. Anhand der Quadrate können Sie nun den Leuchtturm 5-mal größer aufzeichnen. Zeichnen Sie sich auch gleich die mit Maßen versehenen Kleinteile auf.

Sägen Sie alle Teile aus. Den Leuchtturmkörper können Sie auch mit einer Stichsäge schneiden. Schleifen Sie die Kanten mit Schleifpapier.

Leimen Sie vor dem Bemalen das kleine dreieckige Teil (45 x 60 mm) von hinten am Leuchtturmkörper oben fest.

Malen Sie alle Teile einseitig an.

Tipp

Malen Sie zuerst die roten Felder und dann die weißen. Dazu kleben Sie in einem Abstand von je 100 mm einen Klebestreifen auf das Sperrholz. So erhalten Sie eine scharfe Malkante. Wenn das Rot trocken ist, ziehen Sie ganz vorsichtig den Klebestreifen ab. Es kann sein, dass sich winzige Holzsplitter lösen, aber das macht nichts. Verfahren Sie jetzt genauso bei den weißen Feldern. Auch hier können sich kleine Holzsplitter lösen. Bessern Sie diese Stellen mit einem feinen Pinsel aus.

Zeichnen Sie alle Teilstriche leicht mit Bleistift an. Die 5-cm-Striche sind 20 mm lang, die cm-Striche 10 mm. Mit einem dicken Filzstift zeichnen Sie die Striche nach. Danach bringen Sie die Aufreibezahlen an. Wie das geht, entnehmen Sie der Beschreibung, die den Zahlen beiliegt.

Beginnen Sie die Zahlenreihen immer von hinten, d.h. bei der linken Seite mit dem Aufreiben bei der „0". Die ganze Sache erfordert etwas Geduld, aber ein sauberes Endergebnis wird Sie belohnen.

Leimen Sie nun den gelben Sand von hinten fest. Verwenden Sie keine Schraubzwingen,

das gibt unschöne Druckstellen, sondern legen Sie einen schweren Gegenstand darauf.

Den schwarzen Querbalken (8 mm dick, 30 mm breit und 130 mm lang) sowie den gelben Scheinwerfer (Durchmesser 30 mm) leimen Sie auch ohne Schraubzwingen von vorne auf.

An der Spitze des Leuchtturms bringen Sie von hinten einen Bildaufhänger an. Wenn die Kinder noch klein sind, verwenden Sie die linke Skala als Ausgangsmaß, d.h. die Messlatte hängt 60 cm vom Boden weg. Wenn die Kinder größer sind, verwenden Sie die rechte Skala, d.h. die Messlatte hängt jetzt 110 cm vom Boden entfernt.

17. Füllhalter

Material und Maße
❖ Sperrholz, 8 mm dick, 160 mm breit, 1300 mm lang
❖ 1 Bildaufhänger
❖ Holzleim
❖ Schleifpapier
❖ Acrylfarben in Hellblau und Gelb
❖ Aufreibezahlen, 10 mm hoch
❖ dicker schwarzer Filzstift

Werkzeug
❖ Laubsäge
❖ Hammer
❖ Pinsel
❖ falls vorhanden: Stichsäge

Anleitung
Im Prinzip wird der Füllhalter genauso gearbeitet wie der Leuchtturm auf Seite 29.